वीराने तक जाना है

वीराने तक जाना है

विशाल बाग़

वाणी प्रकाशन

वाणी प्रकाशन

4695, 21-ए, दरियागंज, नयी दिल्ली 110 002

फ़ोन : +91 11 23273167 फ़ैक्स : +91 11 23275710

शाखाएँ

अशोक राजपथ, पटना 800 004, बिहार

कॉफ़ी हाउस कैम्पस, महात्मा गांधी मार्ग, इलाहाबाद 211 001, उत्तर प्रदेश

महात्मा गांधी अन्तरराष्ट्रीय हिन्दी विश्वविद्यालय, वर्धा 442 001, महाराष्ट्र

www.vaniprakashan.com
marketing@vaniprakashan.in
sales@vaniprakashan.in

VEERANE TAK JANA HAI
by Vishal Bagh

ISBN : 978-93-5518-285-2
Ghazal Collection

प्रथम संस्करण 2022

मूल्य : ₹ 399

कैलिग्राफ़ी : डॉ. शिरीष शिरसाट
आवरण और स्केच : निलेश जाधव, मुम्बई

सिटी प्रेस, दिल्ली-110 095 में मुद्रित

वाणी प्रकाशन का लोगो मक़बूल फ़िदा हुसेन की कूची से

अनुक्रम

होता तो नहीं लेकिन हो जाये तो क्या कीजे
जिस शख़्स को चाहा हो वो शख़्स ग़लत निकले

आप आँखें तो मूँदिए साहब
दिखने लगता है सब अँधेरे में

मिट्टी और पानी भी हमको नापके मिलते हैं
तुम गमले में पलने को आसान समझते हो

क्या लगता है किसकी है ये तारीकी
मुझको तो इस सूरज पर शक होता है

कुनबे का कहन

लिखना-पढ़ना एक ऐसी अनवरत आत्म-परिशोधित प्रक्रिया है जिसमें प्रथम पायदान पर खड़ा व्यक्ति भी स्वयं के अन्तिम होने का दावा नहीं कर सकता! हिन्दी की वाचिक-परम्परा के बहुधा, कालजयी सर्जनाशून्यता की आरोपवीथिका में घिरे पाये जाने के पीछे जो अनेक कारण हैं, उनमें से एक कारण, इस परम्परा से गुरु-शिष्य परम्परा का विदा हो जाना भी है! हालाँकि उर्दू के घराने में अभी भी उस्ताद का बोरिया, कमरा-ए-ख़ास में न सही दालान-ए-अदब में तो कमोबेश रखा ही हुआ है! मैं तो मंच पर अपनी आरम्भिक क़दमताल के दिनों से ही दो पीढ़ियों के इस अबोले का न केवल चश्मदीद रहा हूँ बल्कि कभी-कभी शिकार भी रहा! गीत के राजा निरबंसिया तो "गीत में कुछ लिखा ही नहीं जा रहा", "अजी अबके लड़के क्या ख़ाक गीत लिखेंगे?", "हमारे ज़माने में एक से बढ़कर एक गीतकार हुए अब तो ले-देकर कोई एक-दो हैं जो लगे हैं कोशिश में, पर उनमें भी वह बात कहाँ?" जैसे मनोबल-तोड़ते वाक्यांश-पदत्राण समय-समय पर मंच से व नेपथ्य से, हम नवल-नौनिहालों की ओर उछाला ही करते थे!

अस्सी के दशक में तेज़ी से बदल रहे देश के सामाजिक-आर्थिक व राजनैतिक परिदृश्य से अन्दर तक जुड़ा श्रोता अपने रचनाकारों से अपने आसपास के सरोकारों पर टिप्पणी चाह रहा था और समय की इन अप्रत्याशित

आहटों से अपरिचित, गीत के शापित गन्धर्व गन्धहीन शब्दों का ऊँचा विक्रय आँककर नाक-भौं ऊँची-नीची कर रहे थे! गीत की मान्यता व लोक ग्राह्यता इतनी प्रबल थी कि देखा देखी शेष रसों व विधाओं के कुलाधिपतियों ने भी अपने एकलव्यों के अँगूठे अपने तीखे शब्द बाणों से कुतरने में तनिक देर न लगाई! दो दशक बीतते-बीतते जब युवा श्रोताओं ने मुझे हल्की-हल्की स्वीकार्यता का संकेत दिया तो बाग़ में लगे ढेरों फलों को देखकर उत्साहित कोई अकेला बच्चा जैसे हाँका लगाकर अपनी चटिया-गोल-मण्डली के अन्य बालगोपालों को पुकार लेता है, वैसे ही मैंने भी इस सर्वथा नये व अतिरिक्त उत्साह से दीप्त श्रोतासमूह को अपने वरिष्ठों व समकालीनों से मिलवाना शुरू किया! धीरे-धीरे नयी और अपरिचित आवाज़ों का कोरस, मेरी और हिन्दी-उर्दू के श्रोताओं की आदत में शुमार हो गया! पिछले दस-पन्द्रह साल से तो कविता-शायरी के बहुत सारे नवल पदातियों को जैसे पूरा भरोसा सा हो गया कि कुमार भैया तक बात पहुँच जाये तो बात चल निकले! यह सिलसिला भारत के बाहर पाकिस्तान तक में नया और सुनने-पढ़ने योग्य कह रहे अनेक युवा शायरों तक भी जा पहुँचा! इस प्यार ने, इस स्वीकार ने मेरी 'एकोऽहम् बहुस्याम:' की वैदिक कामना को न केवल मूर्त किया बल्कि मेरी निजी प्रसन्नता की परिधि को भी अनन्त कर दिया! मुझे हर नये स्वर में स्वयं को खोज लेने के बाद

उसे यथेष्ट अथवा यथासम्भव प्रकाश तक पहुँचाने के बाद बड़ा पूर्णकाम-सा लगने लगा! यही कारण है कि कविता लिखने-पढ़ने वाले बच्चे, युवा अक्सर मिलते रहते हैं, मेल करते हैं, फ़ेसबुक पर सन्देश देते हैं! उनमें से कई तो बहुत ही अच्छा लिख रहे होते हैं, कई थोड़ी कोशिश कर रहे होते हैं। कोशिश रहती है कि ऐसे कवियों-शायरों का किसी न किसी माध्यम से हर प्राप्त मंच पर उल्लेख करता चलूँ, उनका परिचय करवाता चलूँ, उन्हें पुकारता चलूँ, उनके सम्भावित विजयपथ से अपरिचय के काँटे बुहारता चलूँ।

बहरहाल, कुछ वर्ष पहले जब एक परिचित बालक ने बताया कि "भैया, एक लड़का है नोएडा में, आईटी सेक्टर में काम करता है, बहुत कमाल ग़ज़लें कहता है, श्रीनगर का रहने वाला है, आपसे मिलना भी चाहता है।" समयाभाव के कारण पहले तो मैंने कहा कि उसकी कुछ ग़ज़लें भेज देना, पढ़कर देखता हूँ। फिर अजाने ही मुझे मेरे अन्दर के 'श्रीनगर' ने, 'कश्मीर' ने आकर्षित किया। मुझे लगा कि एक नये कहने वाले इंजीनियर से मुलाक़ात के साथ-साथ कुछ बातें मेरी जिज्ञासा के प्रिय स्थान श्रीनगर और कश्मीर की भी हो जायेंगी। मैंने अपने परिचित बालक से कहा कि उस कश्मीर वाले लड़के को बुला लाना किसी दिन! संकुचित-सा, शालीन-सा वो लड़का जब घर आया तो मेरे कहने पर कि "भई कुछ लिखते हो तो कुछ सुनाओ भी" उसने बस दो

ही शेर सुनाये कि मैंने चावल के दो दाने देख कर ही उसके स्वगत-स्वाद की सहज सम्भावना को चिह्नित कर लिया। उस दिन दो-चार बार चाय चली! कहवा की तरह चाय के कप को दोनों हाथों से घेरकर चुस्कियाँ लेते उस बाकमाल शायर की आँखों में मुझे, दहशतगर्दों के नापाक बारूद के धुएँ में धुँधला गये सेबों के बाग़ और वर्दियों की मोटरबोटों के नीचे काँपती डल झील की यादों से अकारण-अवांछित हिजरत का गहरा दर्द लगातार टीसता दिख रहा था।

उस दिन के बाद मेरा उस नौजवान शायर से मिलना-जुलना बढ़ गया! जीवन के पुण्यार्थ-पथ पर दीवानों और दुनियावालों के अलग-अलग गन्तव्यों के इस ख़ूबसूरत अन्तर को बड़ी शाइस्तगी और बारीक़ी से शेर कर देने वाले उस नौजवान शायर का नाम है विशाल बाग़! दर्द-ओ-अदब के इसी गहरे रिसते रिश्ते ने कब विशाल को मेरा प्रिय अनुज और मुझे उसका 'कुमार भैया' बना दिया वो उसके ख़ासे तग़ज़्ज़ुल की तरह कहने का नहीं बल्कि सिर्फ़ महसूस करने लायक़ मसअला है! विशाल का यह पहला ग़ज़ल संग्रह मेरे परिवार में नये मेहमान की अगवानी जैसा उत्सवपूर्ण पल है! आपके हाथों में हमारे कुनबे का यह बेहद पाकीज़ा कहन, मेरी ओर से आपके हुनरपसन्द हाथों पर बोसे का हक़दार है! ज़रा मुहब्बत से ज़हमत फ़रमाइए!

डॉ. कुमार विश्वास

विशाल जिसे मैं जानता हूँ!

दिल्ली की एक सर्द शाम, होटल के कमरे में मैं, मेरे कुछ अदबी दोस्त और नये अदब का ज़िक्र! अचानक कमरे के एक कोने से दबी-दबी आवाज़ में किसी ने एक शेर पढ़ा

'जन्नत वाले थोड़ा पहले उतरेंगे
रिंदों को तो मैख़ाने तक जाना है'

मैं चौंक पड़ा ! 200 साल पुरानी तशबीहें, और इतना नया तेवर? शायर का नाम पूछा, पता चला, विशाल बाग़।

तक़रीबन एक साल बाद, दिल्ली की ही एक और सर्द शाम, India International Centre की एक महफ़िल, मंच पर गोपालदास नीरज, अशोक चक्रधर जैसी शख़्सियत और backstage अपनी entry के इन्तज़ार में खड़ा मैं। एक नौजवान कहीं से पास आया, अपने आपको मुंतज़िमीन में से एक बताया और मेरी ख़ैरियत पूछी। ये भी कहा, किसी चीज़ की ज़रूरत हो तो उनको याद करूँ। मैंने कहा, याद करने के लिए एक अदद नाम की भी ज़रूरत पड़ती है, उन्होंने कहा, "जी मेरा नाम विशाल बाग़ है।" मैंने दरयाफ़्त किया, "कहीं आप वही तो नहीं जिन्होंने 'जन्नत वालों को थोड़ा पहले उतार दिया था' ", वो हँसे, बोले, "जी मैं वही हूँ।"

उसके बाद मैंने दिल्ली की कई सर्द और गर्म शामें देखीं, और ये मेरी ख़ुशक़िस्मती है कि उनमें से कई शामें विशाल बाग़ के शेर सुनते हुए गुज़रीं। मेरे office को standing instruction था, कि मैं जब भी! दिल्ली जाऊँ, विशाल के साथ मुलाक़ात का वक़्त पहले से मुक़र्रर कर लिया जाये। कितनी दफ़ा Cannaught Place में चाय की टपरियों पर खड़े, मैं विशाल के शेर सुनता रहता था।

'तब से लेकर अब तक हमने बस दुःख ही दुःख देखे हैं
इससे अच्छा सोलह साल का होते ही मर जाना था'

मुझे चीर दिया था विशाल के इस शेर ने। फिर जब उनके और कलाम सुने तो मुझे महसूस हुआ कि उनका सोलहवाँ साल कभी गुज़रा ही नहीं. अक्सर उनके शेरों में उम्र का ये नौख़ेज़ वक़्फ़ा झाँकता हुआ मिल जाता है।

'देखिए! बाद में ज़रूरत थी
सोलहवें साल में मोहब्बत थी'

विशाल की शायरी में एक ख़ामोश इज़्तराब है, एक ऐसी व्याकुलता जो शोर नहीं करती, लेकिन तड़प बन के आपके अन्दर रह जाती है।

‘कोई मसरूफ़ियत दरपेश थी सो
मुहब्बत मुल्तवी कर दी गयी है’

विशाल बात तो इसी ज़मीन की करते हैं, लेकिन उसमें एक टुकड़ा आकाश और एक टुकड़ा पाताल मिला देते हैं और यही चीज़ उनकी शायरी को इंफ़रादियत देती है। उनके शेरों में नितान्त निजता है

उनके शब्दों में किसी और की गूँज नहीं, ख़ुद अपनी आवाज़ है। ये आवाज़ कभी-कभी इस क़दर मायूस हो जाती है, कि सुनने वाले का दिल सौ टुकड़ों में टूट के बिखर जाये!

‘उसके ख़्वाबों में आने-जाने की
जाने कब होगी हैसियत मेरी’

अगर आपने कभी इश्क़ किया है, तो विशाल ने ये मजमुआ बस आप ही के लिए शाया किया है। एक-एक पन्ना, यादों की धूप-छाँव है। उनके शेर कभी नश्तर हैं तो कभी मरहम। वो शब्दों से जो paintings बनाते हैं, उन्हें देखकर कभी आपकी आँखें चमक उठेंगी, तो कभी भीग जायेंगी!

मनोज ‘मुंतशिर’

लफ़्ज़ जादू हैं!

लफ़्ज़ जादू हैं। इनकी जादूगरी ही है कि हर इन्सानी जज़्बे को एक इज़हार हासिल है। मैं हमेशा से इस जादू के असर में था। गाने, फ़िल्में, ख़बरें, भाषण, सत्संग ये सब चीज़ें मुझे घण्टों बाँधे रखते थे। मैं कश्मीर में पैदा हुआ। एक वक़्त था जब कश्मीर में पैदा होने का सबसे बड़ा फ़ायदा ये था कि किताबें और ज़बान ज़रूरत के सामान की तरह मुहैया थीं। अपने दादा स्व. पं. निरंजननाथ 'बाग़' को एक जैसे अधिकार से संस्कृत, उर्दू और फ़ारसी पढ़ते-बोलते देखना छह-सात साल की उम्र में मेरे लिए एक अजूबा था। मेरी शायरी की बुनियाद वहीं पड़ी। कश्मीर छूट जाने से शायद मैं ज़िन्दगी भर के लिए ख़ानाबदोश हो गया। वहाँ के बाद जहाँ भी रहा, ख़ुद को पूरी तरह से कभी वहाँ का महसूस नहीं कर पाया। अब इतने सालों बाद मुझे शायरी में अपना ठिकाना महसूस होता है। किसी किताब में, किसी ग़ज़ल में, नज़्मों के आसपास किसी क़ाफ़िए में मेरा घर होगा! शायद।

शायरी को लेकर मेरा कोई दावा नहीं है। कुछ आवाज़ें हैं जो मेरे ज़ेहन में कौंधती हैं जिन्हें मैं किसी तरह काग़ज़ पर उतार देने में लग जाता हूँ और सिर्फ़ इतना करके मैं बहुत ख़ुश होता हूँ! शायरी में क्राफ़्ट और ज़बान को लेकर मेरे

यहाँ कमियाँ हैं, मुझे इससे इनकार नहीं है। ये कमियाँ मुझमें एक इन्सान के तौर पर होंगी जो शायरी में उतर आती हैं। मेरे इन्सान में जब ये सुधार हो जायेंगे तो मेरा शायर भी शायद सुधर जायेगा। शायरी मेरी मिडिल क्लास ज़िन्दगी की शाही-मौज है और मैं इसे सीखने-सिखाने की अज़ीयत से गुज़ारकर अपने लिए महज़ एक फ़न नहीं बनाना चाहता। मौज जारी रहे इसी पर सारा ज़ोर रहा है और रहेगा।

मेरे कुछ शेर अगर लोगों तक पहुँच पाये हैं तो इसमें सबसे बड़ा रोल डॉ. कुमार विश्वास जी का है। उन्होंने मेरे शायर को हौसला दिया और मुझे खो जाने की दिलकश राह से वापस खींच लिया। मुझे 'छोटे' कहकर बुलाते हैं तो 'विशाल' महसूस करता हूँ।

'विशाल, आप अच्छा लिखते हैं' एक मुशायरे में क़लम के बाहुबली मनोज 'मुंतशिर' जी का बेहद गर्मजोशी से कहा ये जुमला उनसे हमेशा के लिए जोड़ देगा, मैंने कभी नहीं सोचा था। इस किताब को लेकर मेरी उलझन उन्होंने ही सुलझाई, ख़ूब हौसला दिया, बार-बार मेरे लिखे को सराहा, आगे बढ़ाया। ऐसा कौन करता है!

डॉ. कुमार विश्वास जी और मनोज 'मुंतशिर' जी ने मेरे लिए कुछ अलफ़ाज़ ख़र्च किये हैं, इस अहसास का कोई बदल नहीं हो सकता।

डॉ. शिरीष शिरसाट जी जिन्होंने मेरी शायरी को अपने अक्षरों के मोती दिये और नीलेश जाधव जी जिन्होंने इस किताब के लिए डिज़ाइन, कवर और स्केच तैयार किये, का शुक्रिया अदा करना चाहता हूँ। शायरी को समझने का एक नया नज़रिया जो मुझे इन दोनों कलाकारों से मिला है उसके लिए मैं उम्र भर शुक्रगुज़ार रहूँगा!

अन्त में, मेरे प्रकाशक का आभार जिन्होंने इस किताब में अपना भरोसा दिखाया और इसे प्रकाशित कर आप सब तक पहुँचाने का ज़िम्मा लिया।

मेरे लिए दुआ में उठे हर हाथ, मुझे देखती हर नज़र से मुझे कितना कुछ कहना है ये मैं ज़ाहिर नहीं कर सकता सिवाय इसके कि

'तुमने जबसे अपनी पलकों पर रक्खा
कालिख को सब काजल-काजल कहते हैं!'

विशाल बाग़

अगर तुम न होते!

इस किताब को तरतीब देते हुए मुझे अपनी बेतरतीबी का अहसास हुआ और अपनी शायरी पर ज़रूरी मेहनत न करने और सही वक़्त न देने की शर्मिन्दगी भी। लेकिन इस ओर भी ध्यान गया कि कैसे क़ुदरत ने मेरी ज़िन्दगी में बार-बार ऐसे कई लोग और मौक़े भेजे कि लड़खड़ाते हुए ही सही, लेकिन कुछ पड़ाव पार हुए।

मुझे लगता है कि परिवार इन्सान की सबसे बड़ी ताक़त है और आर्ट से जुड़े लोगों के लिए ये और भी ज़रूरी है। जो वक़्त मैंने शायरी को दिया है वो असल में मेरे परिवार का था। मेरे लिखे हुए हर लफ़्ज़ में विक्की (पत्नी) का, यशोवंश (बेटा) का बराबर का हिस्सा समझा जाना चाहिए। माँ, पापा ने कभी भी किसी काम से नहीं टोका। मन का करने दिया। कश्मीर से उजड़ कर जिन हालात से हम आये थे उसके बाद अपने बच्चों को ये आज़ादी देना बड़ी बात है। विक्की के माता-पिता ने सदा मेरा हौसला बढ़ाया। पंकज (भाई) और उसका परिवार मेरी हर कामयाबी को जब अपना समझकर ख़ुश होते हैं तो परिवार के वक़्त में की हुई अपनी चोरी का अफ़सोस कम होता है।

मेरा जीवन ज़्यादातर घर से बाहर बीता है। पहले नवोदय विद्यालय, फिर कॉलेज और आख़िर में नौकरी के सिलसिले

में घर से बाहर रहा हूँ। ऐसे में जो दोस्त मिले, शुभचिन्तक मिले सब परिवार होते गये। मुझे शायरी करनी चाहिए ये हौसला गुरुग्राम के एक रसिक श्री विशन लाल जी ने दिया। उन्हीं की बदौलत मैं दिल्ली के अदबी हलक़ों जैसे हल्क़ा-ए- तश्नगाने - अदब, महफ़िल - ए - गंग - ओ - जमन, सीमाब सुल्तानपुरी साहब, ज़फ़र मुरादाबादी साहब, दीक्षित दनकौरी जी जैसे बड़े लोगों से मिल पाया। इसके बाद जैसे चराग़ से चराग़ जलते गये और अक्सर अपने आपको मैंने कभी राष्ट्रीय कवि संगम के वार्षिक कार्यक्रम में जगदीश मित्तल जी, गुरुग्राम में सुरुचि साहित्य कला परिवार में मदन साहनी जी, त्रिलोक कौशिक जी, हरिन्दर यादव जी, अनिल श्रीवास्तव जी, शब्दशक्ति के नरेन्द्र गौड़ जी, श्री सतीश आहूजा तथा आहूजा परिवार और गुरुग्राम के बाक़ी शायरों-अदीबों के प्यार का और कभी-कभी डाँट का भी पात्र पाया। कभी मनीष भैया (मनीष शुक्ला, लखनऊ), सिद्धार्थ भाई (सिद्धार्थ शाण्डिल्य, मुम्बई) और कभी शारिक़ साहब (शारिक़ क़ैफ़ी) से घण्टों बातें करता पाया। सबसे बढ़कर आलोक भैया (आलोक श्रीवास्तव) का आशीष यूँ मिला कि भाभी और भतीजा अंशल मेरा परिवार हो गये। दिल्ली में रहते हुए, जश्न-ए-अदब और कुँवर रणजीत चौहान, मुम्बई के पासबान-ए-अदब और क़ैसर ख़ालिद साहब ने कई मौक़े दिये। ऐसे ही पुणे में दकनी अदब फ़ाउंडेशन और मोनिका सिंह जी जैसे लोगों ने मेरे लिए जैसे शहर के सारे दरवाज़े खोल दिये।

एक इन्सान के तौर पर, एक शायर के तौर पर क्या हासिल कर पाऊँगा, मैं इसका हिसाब कभी नहीं लगाना चाहता। मुझे इस बात का यक़ीन है कि मुझे बनाने में अपना हिस्सा डालने वाले तमाम लोगों की कोशिशों का जोड़ मुझसे ज़्यादा निकलेगा! इसी कमी को पूरा करने की कोशिश यह किताब है। पढ़िए कि वीराना राह देख रहा है!

लफ़्ज़ देकर
ख़याल
को हमने,
शक्ल, बेशक्ल की
बिगाड़ी है

●

जब वो बोले कि कोई प्यारा था
उनका मेरी तरफ़ इशारा था

हम निकल आये जिस्म से बाहर
उसने कुछ इस तरह पुकारा था

फेर देता था वो नज़र अपनी
हर नज़र का यही उतारा था

आख़िरश बोझ हो गया देखो
मुझको ये जिस्म जां से प्यारा था

डूब जाना ही ठीक था मेरा
मेरे दोनों तरफ़ किनारा था

•

मेरी मुश्किल करे आसान कोई
कभी आकर करे हैरान कोई

निखरता जा रहा था रंग उसका
छिड़कता जा रहा था जान कोई

मुझे दुनिया से यूँ आज़ाद करना
न बाक़ी छोड़ना पहचान कोई

बुरे हो तुम कि चाहत में तुम्हारी
मेरा निकला नहीं अरमान कोई

ज़वाल ऐसा कि तुमको क्या बताऊँ
फ़रिश्ता हो गया इन्सान कोई

●

ख़बर सुनकर वो ये इतरा रहा है
मुझे उसका बिछड़ना खा रहा है

मेरे सय्याद को कोई बुला दे
मेरे पिंजरे को तोड़ा जा रहा है

निकलना है हमें कब से सफ़र पर
मगर ये जिस्म आड़े आ रहा है

मैं उसको याद भी करना न चाहूँ
वो आकर ख़्वाब में उकसा रहा है

उसे बहला नहीं पाता है कोई
वो अपने आप से उकता रहा है

●

वो जो लिक्खा है सब किताबों में
वो ही शामिल नहीं निसाबों में

उसकी तासीर ऐसे काटी है
हमने घोला उसे शराबों में

ये मेरी हिचकियाँ बताती हैं
मैं बक़ाया हूँ कुछ हिसाबों में

तो कोई तजर्बा ही कर लें क्या
कुछ नहीं मिल रहा किताबों में

हम उसे यूँ ही मिल गये होते
उसने ढूँढ़ा नहीं ख़राबों में

आये और आके फिर बिछड़ जाये
कुछ इज़ाफ़ा करे अज़ाबों में

क़ैस होता तो झट दिखा लाता
वो जो सहरा है इन सराबों में

क़ैस के बाद उसे मैं ही मिला था मन का

और फिर ख़ाक जो सहरा ने उड़ाई मेरी

●

थाम ले आके जो सुनता हो दुहाई मेरी
बस तेरे हाथ में जँचती है कलाई मेरी

यूँ मेरे होने का दुनिया को पता मिलता है
उनसे कहना कि करें और बुराई मेरी

याद-ए-माज़ी या तेरे ख़त से बहलता ही नहीं
दिल को कम पड़ने लगी यार कमाई मेरी

तेरा इक़रार मुझे सिर्फ़ तेरा कर देता
तेरे इनकार ने तो माँग बढ़ाई मेरी

क़ैस के बाद उसे मैं ही मिला था मन का
और फिर ख़ाक जो सहरा ने उड़ाई मेरी

●

जहाँ यार थोड़ी सी फ़ुर्सत हुई
हमें सबसे पहले मुहब्बत हुई

तुझे सोचने बैठ जाता हूँ फिर
तुझे सोचने से जो फ़ुर्सत हुई

मुहब्बत के दुश्मन ख़बरदार हों
हुई फिर किसी को मुहब्बत हुई

मेरा चाक दामन चलन बन गया
मेरी उस गली में वो इज़्ज़त हुई

ये वो है जो गुमनाम ही रह गया
इसी बात से मेरी शोहरत हुई

●

दिल से टूटे हुए जां से हारे हुए
जी हमीं हैं मुहब्बत के मारे हुए

जिन से बरसों की पहचान थी छुट गयी
अजनबी आज से हम तुम्हारे हुए

इस ज़मीं को भी हम रास आते नहीं
हम वही हैं फ़लक से उतारे हुए

एक दिन आयी दुनिया लिए अपने ग़म
हम भी बैठे थे दामन पसारे हुए

दिल जो टूटे नहीं ख़ाक में मिल गये
दिल जो टूटे फ़लक के सितारे हुए

दोष सारा हमारे जुनूं को न दो
उनकी जानिब से भी कुछ इशारे हुए

इक नज़र के तक़ाज़े पे सब ने कहा
हम तुम्हारे हुए हम तुम्हारे हुए

●

जबसे इन्सान कर दिया तूने
बस परेशान कर दिया तूने

ऐ मिलनसार और हसीं चेहरे
इश्क़ आसान कर दिया तूने

अश्क मोती हैं गर ये सच है तो
कितना नुक़सान कर दिया तूने

फूल से ज़ख़्म बख़्श कर जानां
दिल को गुलदान कर दिया तूने

इस तरह उठ के मेरे पहलू से
मुझको वीरान कर दिया तूने

●

ये अदा ये सुख़न बहाना है
हमको तेरी नज़र में आना है

ये मेरा जिस्म और ये दुनिया
क़ैदख़ाने में क़ैदख़ाना है

मेरी मजबूरियाँ समझ मौला
छोड़ कर जिस्म मुझको आना है

उससे रिश्ता है आज भी क़ायम
ख़्वाब में अब भी आना जाना है

हम भी देखेंगे उसकी आँखों में
हमको भी ज़ब्त आज़माना है

ये बुरी बात है
हर वक़्त का अच्छा होना

तुम बुरे

होते तो शायद मुझे अच्छे लगते

●

किसी मज़लूम की आहों की अब तासीर होना है
ऐ तिनके कर ज़रा हिम्मत तुझे शहतीर होना है

मैं उसकी आँख का काजल था उसने पोंछ लीं आँखें
सो अबकी बार उसके पाँव की ज़ंजीर होना है

ये मुश्किल आपकी है आप आख़िर किसके होते हैं
हमें तो आपकी बस आपकी जागीर होना है

दुआएँ माँगते हैं इसलिए अपने उजड़ने की
हमें तो यार तेरे हाथ से तामीर होना है

हवा को क्या ख़बर आख़िर मैं उसको क्यों बुलाता हूँ
मुझे अपनी उड़ाकर ख़ाक आलमगीर होना है

•

कहें आसां ज़बां में सब बड़ा अरमान होता है
मगर आसान कुछ कहना कहाँ आसान होता है

तुम्हारे साथ गुज़रे पल गुहर बनकर चमकते हैं
चले आओ तुम्हारे बिन बड़ा नुक़सान होता है

बलन्दी की तरफ़ जाते हुए यारों के मजमे हैं
वहाँ से लौटता रस्ता बड़ा सुनसान होता है

गुज़र जाते हैं बरसों इक भली आदत बनाने में
बुरी आदत लगा लेना बहुत आसान होता है

ये ख़िदमत और ख़ुशामद चाहता नख़रे दिखाता सा
ख़याल-ए-यार ऐसा है कि ज्यों मेहमान होता है

•

प्यार मुझसे जताती रहती है
और फिर आज़माती रहती है

ज़िक्र मेरे सुधरने का करके
ऐब मेरे गिनाती रहती है

मेरी तन्हाइयों के शाने पर
याद चाबुक चलाती रहती है

उसको आना है ख़्वाब में शायद
नींद चक्कर लगाती रहती है

शेर जो मुझसे सुन रहे हो तुम
मुझको दुनिया सुनाती रहती है

फिर न कहने में देरियाँ करना
इश्क़ होने पे जल्दियाँ करना

●

फिर न कहने में देरियाँ करना
इश्क़ होने पे जल्दियाँ करना

तुम न आना किसी की बातों में
अपने हिस्से की ग़लतियाँ करना

शेर मत कहना जल्दबाज़ी में
अपने शाइर पे सख़्तियाँ करना

फ़िक्र को अपनी फूल कर लेना
और लफ़्ज़ों को तितलियाँ करना

यूँ बदी फल रही है लोगों को
मैं न छोड़ूँगा नेकियाँ करना

●

दिल तो कहता है यही दस्तूर होना चाहिए
सच के आगे झूठ को मजबूर होना चाहिए

दो निवालों में समेटीं तूने सारी हसरतें
तुझको तो ए मुफ़लिसी मग़रूर होना चाहिए

तू जिसे मिल जाये उसकी पारसाई कुफ़्र है
उसको चाहत के नशे में चूर होना चाहिए

जिस ने दिल में बाल रक्खा हो मुहब्बत का चराग़
उसके चेहरे पे बला का नूर होना चाहिए

झुक के चलने में यहाँ अन्देशा दब जाने का है
एहतियातन आपको मग़रूर होना चाहिए

पास इतने हो कि घुलते जा रहे हो मुझ में तुम
अपनी ख़ातिर तुमको मुझसे दूर होना चाहिए

हुस्न के पत्थर से टकराने की ज़िद थी आपकी
आपका दिल अब तो चकनाचूर होना चाहिए

●

कहता है भगवान नहीं है
वो जो ख़ुद इन्सान नहीं है

मुझ में से यूँ निकली है वो
जैसे मेरी जान नहीं है

सबकी नज़रों में आ जाना
इतना भी आसान नहीं है

दिल के बदले में दिल दे दे
वो इतना नादान नहीं है

हैरत है तन्हाई में भी
शह्र-ए-दिल वीरान नहीं है

●

मामूली ये बात नहीं जो तुझ पे आकर अटके हैं
नैन ये मेरे बंजारे हैं चेहरों-चेहरों भटके हैं

बारिश की बूँदों में अबके गर्मी भी है ख़ुश्बू भी
यूँ लगता है जैसे गीले बाल किसी ने झटके हैं

हर इन्सां के अन्दर नेकी और बदी मिल जायेगी
फिर सबको ये क्यों लगता है हम औरों से हटके हैं

आख़िर में अब मौत ही शायद राहत लेकर आयेगी
वर्ना जीते जी तो मेरी जान को सौ-सौ ख़टके हैं

उसकी राहें तकते हम यूँ पल-पल मरते जाते हैं
रफ़्ते-रफ़्ते रिस्ते जाते ज्यों पानी के मटके हैं

•

हमें ऐसा नहीं हसरत नहीं है
हमारे दौर को फ़ुर्सत नहीं है

जो देता है मुझे कम है तो शायद
ख़ुदा के हाथ में बरकत नहीं है

ये सच है दिल नहीं मिलते हमारे
हमें तुमसे मगर नफ़रत नहीं है

तुम्हारे डर से घर छूटा किसी का
तो फिर ये ज़ुल्म है हिजरत नहीं है

बग़ैर उसके भी कर लेंगे गुज़ारा
हमें आदत है उसकी, लत नहीं है

उसे जो चाहिए मैं वो ही निकलूँ
अब ऐसी भी मेरी क़िस्मत नहीं है

मुहब्बत की
ये पोशाकें,
नहीं जँचती हैं हम पे;

हाँ!

अगर तुम ज़िद ही करते हो
चलो कुछ दिन पहनते हैं

●

उसने माँगा है इक वचन फिर से
हम भी रख लेंगे उसका मन फिर से

शुक्र मानें कि आप जुगनू हैं
लग गया चाँद को गहन फिर से

कोई जाकर ख़िज़ां बुला लाये
खिल के तैयार है चमन फिर से

लड़ पड़े हैं दिमाग़-ओ-दिल मेरे
सख़्त मुश्किल में है बदन फिर से

उसका भी मन है मान जाने का
हम भी कर लेते हैं जतन फिर से

●

मुझे अब और मुश्किल में न डालो
मेरे चेहरे से ये आँखें हटा लो

अगर ज़ालिम का कुछ कर ना सको तो
कम-अज़-कम आसमां सर पे उठा लो

चलो हम पाँव रखते हैं दुबारा
चलो जल्दी से तुम आँखें बिछा लो

हमें आने में थोड़ी देर होगी
बिछा रक्खी हों आँखें तो हटा लो

ये बरसों की मुहब्बत का सिला है
लो मेरी आँख के आँसू सँभालो

●

जहाँ भी देखिए आता नज़र है
तो मुमकिन है ख़ुदा ही दरबदर है

अज़ाबों में यहाँ हर बाख़बर है
मज़े में है वही जो बेख़बर है

यक़ीनन चाहता है कोई तुमको
हसीं होना मुहब्बत का असर है

यहाँ बिखरे हैं सारे रंग लेकिन
वही दिखता है जो रंग-ए-नज़र है

मुहब्बत का चलो मैं मानता हूँ
मगर देखो ये नफ़रत भी अमर है

यहाँ जज़्बात-ओ-एहसासात को अशआर करने में
लहू टपका है आँखों से ग़ज़ल से प्यार करने में

निहत्था उसने भेजा ही नहीं तुमको ज़रा सोचो
लगे है देर कितनी हाथ को हथियार करने में

तेरी तस्वीर तेरे ख़त ये सब अपनी जगह लेकिन
मज़ा कुछ और है ज़ालिम तेरा दीदार करने में

मुहब्बत एकतरफ़ा ही मुकम्मल शै है जान-ए-मन
गँवाएँ वक़्त क्यों इज़हार या इक़रार करने में

●

गर पतंगा रिझाये रखना था
दिल दिए सा जलाये रखना था

आँखें होती हैं कान की कच्ची
इनको मुझपे टिकाये रखना था

रौशनी इनकी ऐब गिन लेगी
इन दियों को बुझाये रखना था

दिल की अलमारी में सलीक़े से
याद को तह लगाये रखना था

ज़ख़्म तेरे न यूँ दग़ा करते
मरहमों से बचाये रखना था

हुस्न उसको ख़ुदा ने बख़्शा है
उसपे लेकिन निसार है मेरा

•

तू अगर ग़म-गुसार है मेरा
फिर तो वक़्त-ए-बहार है मेरा

हुस्न उसको ख़ुदा ने बख़्शा है
उसपे लेकिन निखार है मेरा

एक वो शख़्स जो कि है ही नहीं
उसपे दार-ओ-मदार है मेरा

आ गये ना फ़रेब में तुम भी
ये उदासी फ़रार है मेरा

या तो कर ले कुबूल सजदे को
वर्ना परवरदिगार है मेरा

मैं ज़रा सा नहीं हुआ उसका
और वो बेशुमार है मेरा

मुझको ख़तरा है यार से अपने
दुश्मन-ए-जां तो यार है मेरा

●

हमने दिल में अब तक उसका प्यार बसा कर रक्खा है
छोटी-छोटी यादों का अम्बार लगाकर रक्खा है

सोचो तो ये कागा आख़िर क्यों संदेसा लायेगा
चार दीवारी पर तो हमने काँच बिछाकर रक्खा है

देखें उसके चाहने वाले रीस कहाँ तक करते हैं
हमने छत पे उसकी ख़ातिर चाँद मँगाकर रक्खा है

इक दिन मेरा बेटा मुझसे बढ़कर नाम कमायेगा
बाप ने दिल ही दिल में ये अरमान सजाकर रक्खा है

आख़िर तक वो ना माना तो दिल का ज़ख़्म दिखा दूँगा
आड़े वक़्त को तरकश में ये तीर बचाकर रक्खा है

कौन कहता है रूह की मस्ती है
शायरी शग़्ल-ए-ख़ुदपरस्ती है

इसलिए भी मैं रो नहीं सकता
मेरी आँखों से तू बरसती है

मैं बताता हूँ भेद हस्ती का
कुछ नहीं तू ये तेरी हस्ती है

सादगी जान-ए-जां ज़माने से
काम की शै है और सस्ती है

इश्क़ के सानहे से कुछ पहले
कितनी ख़ुशहाल दिल की बस्ती है

जिस्म ने पा लिया है सब लेकिन
रूह तेरे लिए तरसती है

क्या कहा! हमको कुछ नहीं आता;
'बाग़' साहब! ये दौर-ए-पस्ती है

●

ग़लत बातों पे हामी भरने वाले
उसे भाते हैं ऐसा करने वाले

किसी पर आप जी कर भी दिखावें
बड़े आये किसी पे मरने वाले!

जो पत्थर दिल हैं सब सहमे खड़े हैं
कि आ पहुँचे हैं आहें भरने वाले

ज़माना आ गया है ले के पत्थर
कहाँ हैं सब मुहब्बत करने वाले

घड़ा उठवा रहे हैं देखो उनका
हमारे आगे पानी भरने वाले

मेरे आने में
देरी का कारन है

मैं

बिल्कुल
सीधे
रस्ते
से
आया हूँ

●

जो भी आसान है मुहब्बत में
उससे नुक़सान है मुहब्बत में

सोचकर देखिए सुकूं उसका
जो परेशान है मुहब्बत में

ये तो तेरा लिहाज़ है वर्ना
मुझको नुक़सान है मुहब्बत में

एक ही शख़्स जैसे दुनिया है
तू मेरी जान! है मुहब्बत में

उसकी अपनी बहार है साहब
जो बयाबान है मुहब्बत में

●

रोज़ ताज़ा-तरीन लगते हैं
आज कल से हसीन लगते हैं

उफ़! कशीदागरी मुहब्बत की
इसमें धागे महीन लगते हैं

ऐब उनमें न शौक़ ही कोई
साँस लेती मशीन लगते हैं

आपको इश्क़ तो नहीं होगा
आप बेहद ज़हीन लगते हैं

वो हवेली जो ढह गयी साहब
आप उसके मकीन लगते हैं

•

बस इतना चश्म-ए-पुरनम कर रही हैं
दिलों के बोझ को कम कर रही हैं

अभी रोने दो शम्मओं को न रोको
ये परवानों का मातम कर रही हैं

जकड़ ज़ंजीर की और तेग़-ए-क़ातिल
मेरी आँखों को परचम कर रही हैं

किसी सूरज की ये गुस्ताख़ किरणें
दियों की लौ को मद्धम कर रही हैं

ये लड़ियाँ आँसुओं की देखिए तो
नमक को कैसे मरहम कर रही हैं

●

साफ़ दिखता है तेरे चेहरे पे
इश्क़ डाले है डेरे चेहरे पे

इतनी शिद्दत से देखिए मुझको
नील पड़ जायें मेरे चेहरे पे

हम तुझे देख ही नहीं पाये
इतनी नज़रें थीं तेरे चेहरे पे

सोलहवाँ साल लग गया फिर से
उसने जब हाथ फेरे चेहरे पे

इतनी आँखें नहीं हैं दुनिया में
जितने चेहरे हैं तेरे चेहरे पे

गोयाई का दाग़ मिटा दे
इस दुनिया का भेद बता दे

•

गोयाई का दाग़ मिटा दे
इस दुनिया का भेद बता दे

मैं अब ख़ुद से ऊब गया हूँ
मुझको कोई और बना दे

तौबा की टूटन के ग़म में
मुझको थोड़ी और पिला दे

सब अच्छा-अच्छा सोचेंगे
सबकी भूख और प्यास मिटा दे

मिसरे नारों से गूँजेंगे
स्याही में कुछ ख़ून मिला दे

●

इस मुहब्बत के कारख़ाने में
हम मुलाज़िम थे इक ज़माने में

रूठ जाने पे भी हैं तेरे ही
इतनी जल्दी न कर मनाने में

हम भी तो हो नहीं सके उसके
उम्र गुज़री जिसे रिझाने में

जो भी कहता है मान लेता हूँ
दिल ही दुखता था आज़माने में

सर नहीं दिल झुकाया जाता है
इस मुहब्बत के आस्ताने में

●

बात अपनी न हमनशीं बनती
तेरे कहने से भी नहीं बनती

ऐ फ़रिश्तो! गुनाह कर लेते
आसमां पर भी इक ज़मीं बनती

मेरी मुश्किल अजीब मुश्किल है
जिस्म की रूह से नहीं बनती

इल्म का रोग है तुझे वरना
ख़ूब अपनी ए नुक्ताचीं बनती

उसकी तस्वीर बन्द आँखों से
पहले बनती थी अब नहीं बनती

●

सब कहते हैं थोड़ा अरसा इनमें और बिताना था
फिर लोहे की ज़ंजीरों को सोने का हो जाना था

तुमने थोड़ी जल्दी कर दी वापस लौट के जाने में
महफ़िल के थोड़ा सा आगे इक दिलकश वीराना था

तब से लेकर अब तक हमने बस दुःख ही दुःख देखे हैं
इससे अच्छे सोलह साल का होते ही मर जाना था

आख़िर में समझौता करके हम ने उलझन सुलझा ली
मौसम को भी ढल जाना था हमको भी मुरझाना था

मुझको अपनी गुमनामी पे फ़ख़्र बड़ा था हमख़ो
अब सुनता हूँ गलियों-गलियों मेरा भी अफ़साना था

•

तेरी आँखें मुझे बहका रही हैं
मुहब्बत करने को उकसा रही हैं

उजाला ख़ुद अँधेरों का है ख़ालिक़
मुझे परछाइयाँ बतला रही हैं

यही मौक़ा है आओ ख़्वाब देखें
अभी नींदें ज़रा सुस्ता रही हैं

वो सब यादें तुम्हारा रूप धर के
मुझे आ-आ के अब बहला रही हैं

अकेलेपन के इस सहरा पे जाना
मेरी आँखें तुम्हें बरसा रही हैं

ऐन मुमकिन है
कोई तीसरा पहलू निकले
मेरी ख़ामोशी
मेरी राय समझ ली जाये

●

उम्र ये मेरी सिर्फ़ लबादा मेरे ख़द-ओ-ख़ाल का है
मेरा दिल तो मुश्किल से कुछ सोलह-सतरह साल का है

यार शिकारी! आज़ादी पर तेरा ये इज़हार-ए-ख़याल
बातें-वातें ठीक हैं लेकिन, खटका तेरे जाल का है

वार करो तुम बेफ़िक्री से मुझ पर आँच न आयेगी
जिसकी ये तलवार बनी है लोहा मेरी ढाल का है

ज़िल्लेइलाही आपका ऐसे तन कर चलना ठीक नहीं
मिट्टी मेरी हड्डी की है अम्बर मेरी ख़ाल का है

वो तो तेरे भोलेपन के मारे बैठे हैं वरना
हमको पहले से अन्दाज़ा तेरी अगली चाल का है

●

पहले इस दुनिया को इक वीराना देना होगा
फिर इक आला दर्जे का दीवाना देना होगा

रस्ता तकती आँखों को मैं समझा लूँगा लेकिन
फूलों के मुरझाने का हर्जाना देना होगा

हम तेरी आँखों के आगे से हट जायेंगे पर
मैख़ाने के बदले इक वीराना देना होगा

माना इन ग़ज़लों में तुम ही तुम लिखे हो लेकिन
तुमको अपने शायर को नज़राना देना होगा

इससे पहले शम्मा तन्हा जल-जल कर मर जाये
महफ़िल को इक अच्छा सा परवाना देना होगा

●

सज़ा ये ख़त्म कब होगी, कहाँ तक ज़ुल्म सहना है
जहाँ के साथ चलना है हवा के साथ बहना है

हवाएँ रोज़ कहती हैं चलो दुनिया दिखा लायें
मगर मैं रेत का दाना मुझे सहरा में रहना है

ये सुर्ख़ी उसके होंठों की, हरारत उसकी साँसों की
जिसे तुम दाग़ कहते हो हमारे तन का गहना है

ख़ुशामद और तारीफ़ें, रक़ीबों को मुबारक हों
बिगड़ जाते हो सुनकर जो, मुझे तुमसे वो कहना है

मेरी नज़रें क़बा इसकी क़बा का बन्द भी नज़रें
मैं आँखें मूँद लूँ कैसे, मेरा मंज़र बरहना है

•

जब दुनिया का मेला देख के जायेंगे
जाकर आँखों देखा हाल सुनायेंगे

देखें तेरी दुनिया फिर क्या करती है
जब हम अपनी हर ग़लती दोहरायेंगे

उसके हिज्र में जैसे-तैसे ज़िन्दा हैं
लौट के आया तो शायद मर जायेंगे

अक्सर इस डर से आधे रह जाते हैं
छलकेंगे हम जैसे ही भर जायेंगे

जो ये ज़िम्मा ले हमको मिलवा देगा
हम अपना क़िस्सा उससे लिखवायेंगे

●

ग़म न कर पिंजरे में तेरी जान है
शुक्र कर पिंजरा तो आलीशान है

मर-मिटे रहना है मुश्किल दोस्तो!
मुझपे मर मिटना बहुत आसान है

तू परस्तिश से ख़ुदा होता गया
और बन्दा आज तक इन्सान है

बाद तेरे दिल-नगर फिर बस गया
एहतेरामन इक गली वीरान है

देखते क्या हैं फ़ना हो जाइये!
उनका मेरे वास्ते फ़रमान है

फिर यूँ किया कि डाल से ख़ुद को गिरा लिया
खिलने के इन्तज़ार से उकता रहा था मैं

●

जानां तेरे सितम इसे गिनवा रहा था मैं
दिल को तेरे ख़िलाफ़ कल उकसा रहा था मैं

फिर यूँ किया कि डाल से ख़ुद को गिरा लिया
खिलने के इन्तज़ार से उकता रहा था मैं

मुझको तुम्हारे हुस्न ने तुमसे बचा लिया
वर्ना तुम्हारी बातों में तो आ रहा था मैं

अच्छा हुआ जो सायबां सर पे नहीं रहा
शायद इसी की छाँव से मुरझा रहा था मैं

अच्छा किया जो तुमने नया ज़ख़्म दे दिया
कब से पुराना दर्द गाये जा रहा था मैं

•

मेरे ख़ैर-ख़्वाहों की बेरुख़ी बताती है
कामयाब होने में देर होती जाती है

हम में ख़ूब चलता है लेन-देन अश्कों का
मैं उसे रुलाता हूँ वो मुझे रुलाती है

मेरी हर कमी को भी करके गुन बताती है
जब वो मेरे क़िस्से को चाव से सुनाती है

उसको याद करने की वजहें कम ही हैं लेकिन
जब भी याद आती है ख़ूब याद आती है

ग़ज़लें उसके होंठों को छूने को तरसती हैं
गीत ख़ुद को सुनते हैं जब वो गुनगुनाती है

•

इश्क़ उससे जो ख़ूबसूरत है
सारी दुनिया की ये अज़ीयत है

रंग-ओ-बू, रूप, नाज़ुकी तन की
फूल होना भी क्या मुसीबत है

तुम सँभल जाओगे; हसीं हो ना!
पर वो बेचारा ख़ूबसीरत है

बेवफ़ाई तो कुफ़्र है लेकिन
तुम हसीं हो तुम्हें इजाज़त है

बेवफ़ाओं को सर चढ़ा लेना
शाइरी में तो ये रवायत है

•

जवानी, इश्क़ फिर अनबन हमारी
सुलझती ही गयी उलझन हमारी

हमें सब ले गये हैं थोड़ा-थोड़ा
बची है अब यहाँ खुरचन हमारी

तुम्हारे साथ कैसे बाँट लें हम
सुनो! ज़ाती है ये तड़पन हमारी

हम उसको देख कर हँसते थे तब-तक
फिर एक दिन रो पड़ी जोगन हमारी

किसी पायल के टूटे घुँघरुओं में
सुनाई देती है छन-छन हमारी

हम उसके ख़्वाब में भी जा न पाये
अकेली रह गयी बिरहन हमारी

मिक़दार नहीं लेकिन
मेआर पे
पूरा है

इस
रेत के
दाने को

सहरा ही
समझ
लीजे

●

ख़ामुशी की ज़रा आवाज़ बढ़ाई जाये
ढ़ाल पिघलेगी पर तलवार बनाई जाये

उसका कहना था चलो दोस्त बने रहते हैं
एक बुझते हुए शोले को हवा दी जाये

उसको गर याद नहीं मैं न अँगूठी अपनी
फिर तो रूदाद भी मेरी न सुनाई जाये

उसकी चीख़ों पे मैं दे मारूँगा चुप्पी अपनी
अब ये सोचा है ज़रा बात बढ़ाई जाये

सोचने बैठूँ तो ज़िन्दां से निकल जाता हूँ
मेरी ज़ंजीर की लम्बाई घटाई जाये

●

लफ़्ज़ों से बनती जाती सब तस्वीरों को देखा है
मैंने उसके हाथों लिखी तहरीरों को देखा है

मुझको उसकी नज़रें अपने चेहरे पे महसूस हुईं
इसका मतलब उसने मेरी तस्वीरों को देखा है

मुझसे पीछा कर पाने की उम्मीदें बेमतलब हैं
तुमने तो मेरे पैरों की ज़ंजीरों को देखा है

मैंने अपनी आँखें बाक़ी सबसे दुगनी बरती हैं
पहले ख़्वाब और फिर ख़्वाबों की ताबीरों को देखा है

अपने पैनेपन पे अक्सर शर्मिन्दा मिल जाते हैं
सीना छलनी करके चूके सब तीरों को देखा है

•

सच यहाँ बीती कहानी हो गया
झूठ सबके मुँह ज़बानी हो गया

मेरे प्यासा लौटने की बात पर
इक समन्दर पानी-पानी हो गया

फ़र्ज़ का बोझा लिए बेटा मेरा
हू-ब-हू मेरी जवानी हो गया

एक आँसू वक़्त की दहलीज़ पर
जैसे दरिया की रवानी हो गया

हम जहाँ मिलते थे जानां वो शजर
गुमशुदा कोई निशानी हो गया

नाम की तख़्ती को अब दुनिया ऐसे भी चमकाती है
नज़रों में आने की ख़ातिर नज़रों से गिर जाती है

तुझ तक आने में इन्सां को इक मुश्किल तो ये भी है
तुझ तक आती राह भी तेरे रस्ते से भटकाती है

सारी दुनिया इश्क़ में दावे करती है जी उठने के
मुझको तेरी चाहत तुझपे मरने को उकसाती है

किसको मतलब वरना प्रेमी जोड़े पर क्या बीती थी
दुनिया चटख़ारे लेने को ये क़िस्से लिखवाती है

तेरी तसवीरें हटने से कमरा ख़ाली लगता है
लेकिन मेरे अन्दर कोई मायूसी भर जाती है

दानिशमन्दो! रस्ता बतला सकते हो
दीवाना हूँ वीराने तक जाना है

जन्नत वाले थोड़ा पहले उतरेंगे
रिंदों को तो मैख़ाने तक जाना है

•

तू कि ख़ुश्बू है रंग-भरी जानां
शेर कहती हुई परी जानां

नूर लौटा दे मेरे चेहरे का
इक नज़र देख सरसरी जानां

देख कर तुझको और गहराया
मेराअहसास-ए-कमतरी जानां

हक़ था उश्शाक़ का मगर उसने
दी हसीनों को बरतरी जानां

इश्क़ दफ़्तर में ख़ूब चलती है
हुस्न-वालों की अफ़सरी जानां

मीर ने जिसको पंखुड़ी लिक्खा
पंखुड़ी है पर रसभरी जानां

•

बन गयी धूप रौशनी मेरी
बात उस तक पहुँच गयी मेरी

इश्क़ तो आज तक है पहला ही
ज़िन्दगी है ये दूसरी मेरी

चैन की साँस ली हक़ीक़त ने
ख़्वाब में आँख लग गयी मेरी

उसका कहना कि साथ चल मेरे
थम चुकी नब्ज़ चल पड़ी मेरी

उसके हिस्से की भोग लूँ दोज़ख़
जो कोई जी ले ज़िन्दगी मेरी

●

शामों को मैं घर रौशन भी करता था
कितना कुछ तो मैं बेमन भी करता था

दुनिया मुझसे सिर्फ़ मुहब्बत करती है
वो दीवाना पागलपन भी करता था

तुम जो कहते थे ना इक दिन छू लोगे
छू लेते ना मेरा मन भी करता था

मेरे सिरहाने ये घुँघरू गुमसुम है
उसके पैरों में छन-छन भी करता था

उसके हाथों में बस हम ही जँचते हैं
दावा सोने का कंगन भी करता था

●

तेरा अफ़सोस तेरे बाद नहीं करता मैं
याद तुझको अय परीज़ाद नहीं करता मैं

मेरा दावा है कि तू मेरा है जब तक तुझको
याद की क़ैद से आज़ाद नहीं करता मैं

मुझपे ये ज़ुल्म ही रहमत न कहीं हो उसकी
बस यही सोच के फ़रियाद नहीं करता मैं

तेरा क़ैदी हूँ मगर तेरा नमक खाता हूँ
इसलिए आह! ऐ सय्याद नहीं करता मैं

बात रोने की अगर हो तो मैं रो देता हूँ
दिल के इस मोम को फौलाद नहीं करता मैं

हमको जैसे
पहले से अन्देशा था
सीधा रस्ता

आगे जाकर घूमेगा

●

ये न देखेगा नक़्शा रहने दो
दिल को यूँ ही भटकता रहने दो

बाद के साल जिस्म को देकर
दिल को सोलह बरस का रहने दो

ये सुराही ये जाम ले जाओ
मुझको यूँ ही तरसता रहने दो

नाज़ मेरे न तुमसे उठने के
मैं हूँ जिसका उसीका रहने दो

मैंने काटा है सब्र का सहरा
ख़ुद को मुझपे बरसता रहने दो

•

आज फिर कुफ़्र कमाया हमने
शोर को शेर सुनाया हमने

एक पंछी को उड़ाया लेकिन
फूल जूड़े में सजाया हमने

उसने महफ़िल से उठाया हमको
जिसको पलकों पे बिठाया हमने

जीना और उसपे ख़ुशी से जीना
काम ख़ुद अपना बढ़ाया हमने

तू बता मुफ़्त लुटाएँ कैसे
ये तेरा ग़म जो कमाया हमने

●

जान उस पर छिड़क नहीं पाये
देर तक उसको तक नहीं पाये

उम्र गुज़री है माँजते ख़ुद को
साफ़ हैं; बस चमक नहीं पाये

डाल ने फूल की तरह पाला
ख़ार थे सो महक नहीं पाये

होश का ऐसा नश्शा था हमको
मैकशी से बहक नहीं पाये

वो जो सहरा पे दर्स देते थे
साथ मेरे भटक नहीं पाये

●

बताकर जिस्म इक पिंजरा दिया है
हमारी रूह से धोखा हुआ है

हुनर से हम यहाँ तक आ न पाते
ज़माना ऐब भी तो देखता है

जवां लोगो! मुहब्बत करते जाना
ज़माने को तुम्हारा आसरा है

हमारे दौर को ये क्या हुआ है
सहूलत को तरक़्क़ी मानता है

वो इस जुर्रत के मारे दौर में भी
मुझे नज़रें बचाकर देखता है

ये चेहरे की ख़राशें कह रही हैं
तुम्हें बरसों-बरस देखा गया है

और आसान हुआ जान से जाना मेरा
मेरे रहते नहीं आयेगा ज़माना मेरा

●

और आसान हुआ जान से जाना मेरा
मेरे रहते नहीं आयेगा ज़माना मेरा

उसने पूछा तो मेरे बारे में कुछ मत कहना
और न पूछे तो उसे हाल सुनाना मेरा

फ़ैसले सारे वो कर लेता है दिल से अपने
इसलिए भी तो अज़ीज़म है सयाना मेरा

बाल बिखरे हैं क़बा चाक बला की वहशत
ख़ूब जँचता है दिवानों में दिवाना मेरा

तुझको सीने से लगा लेगा मेरा दावा है
उसको जाते ही कोई शेर सुनाना मेरा

●

लफ़्ज़ों में मानी भरने से क्या होता है
यूँ पन्ने काले करने से क्या होता है

ख़ूं का प्यासा होता है ये इश्क़ी बूटा
आँखों से आँसू झरने से क्या होता है

मेरे बुज़दिल होंठों से वो आँखें बोलीं
छुप-छुप के आहें भरने से क्या होता है

बात तो तब थी सारा बेड़ा पार उतरता
इक ख़ाली कश्ती तरने से क्या होता है

मैंने कितनी बातें तय करके रक्खी हैं
लेकिन मेरे तय करने से क्या होता है

●

तुमसे कहीं ज़ियादा मुझको बुरा लगा है
लेकिन तुम्हारे बिन भी दिल मेरा लग गया है

दुनिया में इनको जायज़, क़ीमत नहीं मिलेगी
इस ड़र से इक समन्दर मोती निगल गया है

जब तक जवान थे हम, फ़ुर्सत नहीं थी और अब
उम्रें ढलान पर हैं और इश्क़ हो रहा है

हमको न नींद आयी, हमने न ख़्वाब देखे
ये ज़िन्दगी हमारी बरसों का रतजगा है

ये शेरियत, तग़ज़्ज़ुल, जज़्बों को मारते हैं
तारीफ़ शेर-ओ-फ़न की सोचो तो ख़ुबहा है

●

ज़माने से पराये हो गये थे
कि हम ख़ुद ही किनारे हो गये थे

जहाँ पैरों में आ जाता था अक्सर
मुहब्बत में हम अन्धे हो गये थे

बदन धोने गये थे नूर से जो
वो सारे साये मैले हो गये थे

लहू का घूँट ज़हरीला था पीकर
हमारे होंठ नीले हो गये थे

मेरे चुप्पी मिला देने से लेकिन
मेरे क़िस्से रसीले हो गये थे

किसी ने फिर हमें अपना न जाना
हम इस दर्जा तुम्हारे हो गये थे

•

अक़ीदत था, इबादत था हमारी
वो मरजाना मुहब्बत था हमारी

बुरा हो चारागर तेरा बुरा हो
हमारा ज़ख़्म शोहरत था हमारी

हवा, पानी, ग़िज़ा, नज़्ज़ारा सब था
वो पिंजरा कब था जन्नत था हमारी

ज़माने में तुझे हम खो न देते
अकेलापन ज़रूरत था हमारी

हमारा बस नहीं चलता था ख़ुद पर
नहीं आदत नहीं, लत था हमारी

•

मेरे सब दुश्मनों को शाद कर दो
मसीहाओ! मुझे बर्बाद कर दो

है आलीशान पिंजरा पर परिन्दा
ये कहता है मुझे आज़ाद कर दो

उसे आने पे जो मजबूर कर दे
ख़ता ऐसी कोई ईजाद कर दो

मेरी मंज़िल अलग, राहें जुदा हैं
इरादों को मेरे फ़ौलाद कर दो

जो अगली नस्ल का साया बनेंगे
उन्हीं पौधों की मुझको खाद कर दो

•

ठीक है इलज़ाम जो उस पे धरा है
खोट के इस दौर में कैसे खरा है

ये न समझो एक तुम पर ही टिकी है
ज़िन्दगी को मौत का भी आसरा है

हमको ये अफ़सोस मरहम कर न पाये
ज़ख़्म को ये नाज़ है अब तक हरा है

उसने पूरे दाम देकर ली रिहाई
पहले तड़पा, छटपटाया फिर मरा है

थम गयी चाहत की बारिश हाँ मगर अब
दिल-गली में याद का पानी भरा है

होता तो नहीं लेकिन हो जाये
तो क्या कीजे
जिस शख़्स को चाहा हो
वो शख़्स [illegible] निकले

●

ये अक्सर सोचता हूँ कुछ अलग इस बार आया हो
है मुमकिन ख़ून से ख़ाली मेरा अख़बार आया हो

कभी जब फ़ुर्सतों में हो मुझे इतना बता देना
कोई ऐसा भी दिन गुज़रा कि मुझ पर प्यार आया हो

कोई हम सा है दुनिया में तो कुछ ऐसी मिसालें दे
कि तुझसे हाल पुछवाने तेरा बीमार आया हो

वो मिलने आ तो जाता था मगर कुछ हड़बड़ी ऐसी
ख़ुदा ज्यों छोड़ के दुनिया का कार-ओ-बार आया हो

'मुहब्बत आग का दरिया' सुना हमने भी है लेकिन
कोई मिलता नहीं जो डूब के इस पार आया हो

●

उसने अपने बारे में बतलाया है
तितली है और सूरज की हमसाया है

उसने मुझको ऐसे भी तड़पाया है
वो ख़्वाबों में भेस बदल कर आया है

माँ डरती है बेटे जबसे मर्द हुए
मँझले ने कल उस पर हाथ उठाया है

बाप की गर्दन कन्धे निगल गये सुनकर
बेटों ने पटवारी घर बुलवाया है

इस बेचारी के दिन भी फिर जायेंगे
शहज़ादी के द्वारे जोगी आया है

●

जब भी कोई शेर सुनाया है हमने
अपना इश्तेहार लगाया है हमने

वो भी तो इक बार मना कर ले जाये
उसको कितनी बार मनाया है हमने

उसको पाया है तो इसमें हैरत क्या
आख़िर अपना-आप गँवाया है हमने

हमको अपने हाथ कटाने ही होंगे
फूलों पर तेज़ाब गिराया है हमने

मीठे से दो बोल बहुत हैं दुनिया को
नाहक़ ये हथियार उठाया है हमने

आप आँखें तो मूँदिए साहब
दिखने लगता है सब अँधेरे में

•

यह जो दूरी है तेरे मेरे में
बाक़ी दुनिया है इसके घेरे में

आप आँखें तो मूँदिए साहब
दिखने लगता है सब अँधेरे में

सात जन्मों तक आना जाना है
थक गये तुम तो पहले फेरे में

टूटती जाती थीं हदें मेरी
उसकी बाँहों के कच्चे घेरे में

उसकी यादों में दिल है मस्त ऐसा
जैसे जोगी हो कोई डेरे में

●

नहीं सुनते किसी की दे गये हैं मशवरे कितने
तेरे कूचे में तेरी दीद के हैं आसरे कितने

तुझे ये बात ऐ शोहरत! कभी चुभती नहीं है क्या
कि तेरी चाह में शायर हुए हैं मसख़रे कितने

फ़राइज़ ने मुहब्बत को हमेशा ख़ूं रुलाया है
कि छोड़ आये हैं अपनी राधिका को सावरे कितने

हमारा शौक़ ए बर्बादी हमें आज़ाद रक्खे है
हुए ज़ंजीर पैरों की वगरना आसरे कितने

हमें मिट्टी ही होना है सो मिट्टी हो रहे हैं हम
नहीं समझा कोई ये दे गये पर मशवरे कितने

•

सबने उसको जहाँ नहीं देखा
हमने अक्सर वहीं-वहीं देखा

उसने अच्छा तो कुछ नहीं देखा
तुमने देखा वो नुक़्ताचीं देखा?

सब ने देखा है कल ये महफ़िल में
तुमने मेरी तरफ़ नहीं देखा

तूने ऐ वक़्त सब को देखा है
उसके जैसा कोई हसीं देखा?

धूप में जल के पड़ चुका काला
हमने कल ऐसा मेहजबीं देखा

●

उसे मुझ में बहुत देखा गया है
वो मेरी सोच में आया गया है

कमी पायी गयी है मेरी इसमें
मेरी मिट्टी को जब छाना गया है

दिमाग़ और दिल में दूरी घट न पायी
ये रस्ता काट कर देखा गया है

यहाँ सब देखते थे ख़्वाब उसके
वो हर ताबीर में पाया गया है

जो नज़्में तुमसे थीं मनसूब उनको
तुम्हारे नाम से छापा गया है

ख़ुदा हैरान है सुन कर दुआएँ
तुझे और बस तुझे माँगा गया है

मिट्टी और पानी भी
हमको नापके मिलते हैं
तुम गमले में पलने को
आसान समझते हो

●

इश्क़ में तो बस में ये ज़िन्दगी नहीं होती
और उस पे मरने से मौत भी नहीं होती

क्या कमी है उसके बिन इस तरह समझ लीजे
जल रहा हूँ मैं लेकिन रौशनी नहीं होती

आम तौर पर सबको सादा ही बनाता है
हुस्न देता है वो जब सादगी नहीं होती

इश्क़ हो ही जाता है नफ़रतें भी मुमकिन हैं
पर हसीन चेहरों से दोस्ती नहीं होती

वो लिखो जो मंज़र में छुप रहा हो नज़रों से
जो दिखे वो लिखने से शायरी नहीं होती

•

उसकी आँखों ने बताया हमको
उसने काजल से मिटाया हमको

उसके चेहरे पे दमकते थे हम
उसने अश्कों से बुझाया हमको

हमको सीने से लगा लेना था
तुमने बातों में लगाया हमको

हम कि मुश्किल थे बहुत ही मुश्किल
उसने अच्छे से निभाया हमको

वर्ना गमले में लगे मुरझाते
उसने जूड़े में सजाया हमको

●

रास्तों को अखर रहे हैं हम
जी मुसाफ़िर नये-नये हैं हम

जितनी अच्छी हमारी मिट्टी थी
उतने अच्छे नहीं बने हैं हम

ख़ाक तेरी ज़मीन पर रहते
ऐ ख़ुदा! ख़ुल्द में रहे हैं हम

इश्क़ से पहले ख़ूब होते थे
अब तो थोड़े से रह गये हैं हम

जिन रक़ीबों को थी जलन हमसे
उनसे कहना कि बुझ चुके हैं हम

आग होते थे इक ज़माने में
अब तो पानी में आ मिले हैं हम

मेरे जिया की, मेरे पिया को तुम्ही सुनाओ निगोड़ी अखियो
जो चुप का पत्थर पड़ा है दिल पर उसे हटाओ निगोड़ी अखियो

बरसती जाओ, बरसती जाओ, बरसती जाओ, बरसती जाओ
कि दिल से सब कुछ बहा के उसकी जगह बनाओ निगोड़ी अखियो

उसी को देखो, उसी को देखो, उसी को देखो, उसी को देखो
कि देखने का है काम तुमको सो काम आओ निगोड़ी अखियो

मुआ ये दर्पन, मुआ ये दर्पन, मुआ ये दर्पन, मुआ ये दर्पन
मुझे इसी की नज़र लगी है, इसे हटाओ निगोड़ी अखियो

वो देखना है, ये देखना है, वो देखना है, ये देखना है
ये देखने की हवस बुरी है नजात पाओ निगोड़ी अखियो

●

अपनी मर्ज़ी से कुछ चुनूँगा मैं
हर अदा पर नहीं मरूँगा मैं

वो अगर ऐसे देख ले मुझको
उसको अच्छा नहीं लगूँगा मैं

बाग़ में दिल नहीं लगा अबके
अगले मौसम नहीं खिलूँगा मैं

उससे आगे नहीं निकलना पर
उसके पीछे नहीं चलूँगा मैं

कह गये थे वो याद रक्खेंगे
याद ही तो नहीं रहूँगा मैं

•

वो जो तन्हाई के छीले होते हैं
लहजे से बेहद नोकीले होते हैं

रातें, नींदें, आँखें सब लग जाता है
कुछ सपने इतने ख़र्चीले होते हैं

नज़रों को ही हिम्मत करनी पड़ती है
मंज़र तो यूँ भी शर्मीले होते हैं

धीरे धीरे सबकी परतें खुलती हैं
पहले-पहले सब चमकीले होते हैं

उसके होते सब-कुछ मुमकिन लगता है
उसके होते हम जोशीले होते हैं

क्या लगता है किसकी है ये तारीकी
मुझको तो इस सूरज पर शक होता है

●

सुनने में आया है मेरा चर्चा नईं था
मुझको जितना लगता था मैं उतना नईं था

उसको अच्छे लगते थे सब आलिम फ़ाज़िल
हम जैसों को उससे कोई ख़तरा नईं था

सादा दिल थे सो हम अपने ही दुश्मन थे
वो भी अच्छा लगता था जो अच्छा नईं था

शर्मीले साजन की सब बेशर्मी देखी
सब कुछ सोचा करता था वो कहता नईं था

अच्छी सूरत कितनी अच्छी हो सकती थी
लेकिन तब तक मैंने उसको देखा नईं था

●

कभी चाहा नहीं कुछ आशिक़ी में
समझदारी बहुत थी बावरी में

तेरे मुँह फेरने की देर थी बस
उदासी लौट आयी शायरी में

अँधेरे में मुझे रक्खा ये कह कर
नहीं दिखता ज़ियादा रौशनी में

यहाँ हर रास्ता घर जा रहा है
मज़ा बिल्कुल नहीं आवारगी में

मुहब्बत मर गयी है बेरुख़ी से
कि कीड़े पड़ गये हैं चाशनी में

●

मुश्किलों से निकाल लेते थे
यार मुझको सँभाल लेते थे

इतने आसान हो चले थे हम
सबको मुश्किल में डाल लेते थे

दिल में सच्चाई थी तो अश्कों से
अपनी बेड़ी पिघाल लेते थे

साफ़ दामन ख़बर में था जब तक
हम भी कीचड़ उछाल लेते थे

ख़ामुशी से वो खा गया धोखा
पहले हम बोल-बाल लेते थे

•

देखिए! बाद में ज़रूरत थी
सोलहवें साल में मुहब्बत थी

याद कर लेने की सहूलत थी
देखने की कहाँ ज़रूरत थी

वो किसी दिन बुरा भी लगता था
वो ही जिससे हमें मुहब्बत थी

उसके दम से मैं मर्द लगता था
मेरे अन्दर जो एक औरत थी

करके शिकवा गँवाने से उसकी
बेरुख़ी ही हमें ग़नीमत थी

याद कर-कर के हिज्र काटा है
वस्ल के वक़्त की रियाज़त थी

आधी-अधूरी

●

उसके चेहरे की झुर्रियाँ बोलीं
वक़्त चाबुक मिज़ाज होता है

वक़्त ने जल्दबाज़ी में जैसे
उम्र चेहरे पे पोत दी मेरे

तुम कली पर निखार आने दो
देखना डाल ख़ुद झटक देगी

सोचते हैं जो कहाँ होता है
अब ये सोचा है कुछ न सोचेंगे

सुर्ख़ लब और चमकती आँखें
उसके सोलह सिंगार हों जैसे

●

एक फ़साना हो जाने की जल्दी में
मुझको मुहब्बत आधा-अधूरा छोड़ गयी

कुछ न कुछ होती है वजह सबकी
मुस्तक़िल कौन अच्छा होता है

मेरे चेहरे पर वो नज़रें फेर कर
उसने मुझको ख़ूबसूरत कर दिया

जब तलक अनजान थे महफ़ूज़ थे
जान लेना जानलेवा हो गया

ऐसा भी क्या आलस जानां
ख़्वाबों में तो आ सकते थे

दाग़ दिखने लगे हैं चेहरे के
मैं न कहता था पास मत आओ!

•

हक़ीक़त के लिए हूँ नामुनासिब
मुझे अब ख़्वाब ही होना पड़ेगा

कोई मसरूफ़ियत दरपेश थी सो
मुहब्बत मुल्तवी कर दी गयी है

बरामद वो हुआ था मुझसे पहले
मैं अपनी ज़िन्दगी में दूसरा हूँ

इसका पानी से कुछ नहीं होगा
आग को आग चाहिए होगी

ज़िन्दगी फिर गुज़ारनी है मुझे
फिर यही होता देखने के लिए

आप में फैल चुकी है नफ़रत
जल्द-अज़-जल्द मुहब्बत कीजे

•

क्या सितम है कि तुझसे मिलने को
हमको वजहें बतानी पड़ती हैं

तब ये समझेगा इश्क़ की मुश्किल
हुस्न को हुस्न ही मिले मौला

कितने मंज़र उसको देख नहीं पाये
एक मुसाफ़िर जल्दी जल्दी लौट गया

तुम कली पर निखार आने दो
देखना डाल ख़ुद झटक देगी

काम लेना इससे तू तावीज़ का
कह के इक बोसा मुझे पहना गया

कितनी आसां है ज़िन्दगी तेरी
सुनके तारीफ़ मुस्कुराना है

●

हम तेरे जैसे हो गये लेकिन
अब हमें अपनी याद आती है

हमसे अब-तक जीतने वाले
अबके हम भी वार करेंगे

उसके आने से मेरी ज़ीस्त सँवर जायेगी
एक साज़िश के तहत इश्क़ किया था मैंने

ज़ब्त को मोजिज़ा अब अपना दिखाना होगा
लोग जुर्रत को बड़ी चीज़ समझ बैठे हैं

कोई रोकता नहीं है, कोई टोकता नहीं है
मेरे काम आ रहा है मेरे काम का न होना

आँखें ज़ख़्मी हुईं तो हमपे राज़ खुला
रेशम के सब ख़्वाब खुरदुरे होते हैं

●

नन्हे से इक जुगनू का दिल रखने को
शाम को सूरज ख़ुद को मद्धम कर लेगा

दुनिया आपको अच्छा मान के चलती है
आप बुरे हैं साबित करना पड़ता है

उसपे भी वही गुज़री, हमपे भी वही गुज़री
उसने भी वही लिक्खा, हमने भी वही लिक्खा

हसरत है अगर मौला, इस दौर के सजदों की
क़िस्मत से ज़ियादा दे, और वक़्त से पहले दे

जाने अनजाने लादे सब बोझ उतर जायें
जी में अक्सर आता है वादों से मुकर जायें

मुझको क़ैद में डालो जाने क्या कर बैठूँ
पिंजरा टूट गया है और सय्याद नहीं है

मैं जो अक्सर ये पेचीदा सी बातें करता हूँ
बस अपने मामूली साबित होने से डरता हूँ

मुझे मालूम है जब हम मिलेंगे
हमें कुछ भी नहीं कहना पड़ेगा

इतनी तो दूरियाँ नहीं हम में
जितना रस्ता तुम्हारा देखा है

आपको मंज़र ही होना चाहिए
हमसे पसमंज़र बना सकते हैं आप

महफ़िल से लौटे तो हमको ध्यान आया
तन्हाई की अपनी रौनक होती है

सब ख़ुदाओं ने आना कानी की
फिर तुम्हें ख़ुद बना लिया हमने

और आख़िर में शेर ही लिक्खे
हमने भी चुन लिया सहूलत को

ये बुरी बात है हर वक़्त का अच्छा होना
तुम बुरे होते तो शायद मुझे अच्छे लगते

हमें इस हाल में छोड़ा है उसने
हमें इस हाल में रहना पड़ेगा

●

तुम न आना किसी की बातों में
अपने हिस्से की ग़लतियाँ करना

बा-हुनर हो के कुछ न कर पाना, रेज़ा-रेज़ा बिखर के ढह जाना
मुझको बेहद उदास करता है ख़ास लोगों का आम रह जाना

हर इक दौर ने अपने-अपने राम और रावण देखे हैं
ये किस दौर की बातें हैं जब सब कुछ अच्छा होता था

ये ख़ुदग़र्ज़ी हमारी है तो हम तस्लीम करते हैं
तुम्हें ख़ुश देख कर लेकिन हमें तकलीफ़ होती है

दुनिया तेरे सजदे देरी करते हैं
जोगी पहले दिन से जोगी होता है

■■■